T0345225

Frivolous Women
and Other Sinners

Frívolas y pecadoras

Frivolous Women and Other Sinners

Frívolas y pecadoras

Alicia Borinsky

Translated by Cola Franzen with the Author

SWAN ISLE PRESS
CHICAGO

Alicia Borinsky was born in Buenos Aires. She is a professor of Latin American and comparative literature and directs the Writing in the Americas Program at Boston University. She has won several awards, among them the Latino Literature Award for Fiction in 1996. Her recent publications include *Golpes bajos/Low Blows*.

Swan Isle Press, Chicago 60640-8790

©2008 by Swan Isle Press
All rights reserved. Published 2009

Printed in the United States of America
First Edition

12 11 10 09   12345
ISBN-13: 978-0-9748881-4-9 (cloth)

Grateful acknowledgment is made for poems by (A. Borinsky) originally published in the following journals:
New American Writing, 1987, "STRIPTEASE," "In Buenos Aires"; *Stone Country*, 1987, "Immortalilties of the marionette," "I Miss Her Already" bilingual; *Rampike*, 1987, "In a Bar," and "Proverb"; *Polygraph*, 1987, "by way of protection," "International", bilingual; *Pig Iron*, 1988, "Home," "Visits to the Doctor," and "Don't Jump"; *O.ARS* 6/7, 1989, "Circensian Liturgies"; *River Styx*, 1990, "Carreras"/"Races"; *ACM: Another Chicago Magazine*, 1989, "Justification," and "Purchase and Sale Agreement for the Marionette."
Anthologies: In *The Renewal of the Vision: voices of Latin American Women Poets 1940-1980*, Spectacular Diseases Press, Peterborough, U. K., 1987:   "Dedication," "Correspondence," "Timorous Women," and "Without Blade"; In *Under the Pomegranate Tree: The Best New Latino Erotica*, 1996, "The China Venus Thinks about Making Love," and "Rumor"; *LIPS: International Women Poets Anthology*, 1993: "Faithful" and "Tiresome Cackles."
Books: *Mujeres tímidas y La Venus de China*, Editoral Corregidor,Buenos Aires, 1987; *La pareja desmontable*, Editorial Corregidor, Buenos Aires, 1994; *Madres alquiladas*, Editorial Corregidor, Buenos Aires, 1996. The section titled "Timorous Women" appeared as a single volume under the same title originally published by Spectacular Diseases Press, Peterborough, U.K., 1992, with special thanks to Paul Green; and with appreciation to Julio Silva for his support and permission to include the illustrations that appear on the cover and within this edition.

Library of Congress Cataloging-in-Publication Data

Borinsky, Alicia.
Frivolous women and other sinners = Frívolas y pecadoras / Alicia Borinsky ; translated by Cola Franzen with the author. -- 1st ed.
    p. cm.
  ISBN 978-0-9748881-4-9 (alk. paper)
  1. Borinsky, Alicia--Translations into English. I. Franzen, Cola. II. Title. III.
Title: Frívolas y pecadoras.
  PQ7798.12.O687A2 2009
  861'.64--dc22

                    2008038169

Swan Isle Press gratefully acknowledges that this book has been made possible, in part, with the support of generous grants from:

The Illinois Arts Council, A State of Illinois Agency

Europe Bay Giving Trust

www.swanislepress.com

For Cola Franzen,
an homage in the words that bring us together.

Para Cola Franzen,
un homenaje en las palabras que nos unen.

Índice / Contents

Teatro de marionetas / puppet theater

Timorous Women / Mujeres tímidas

The China Venus / La venus de China

xiii

Buenos aires: photographs in black and white /
Buenos aires: fotografías en blanco y negro

¿Será una despedida? / Farewell?

Acknowledgments

This volume has come to completion thanks to Christopher Maurer's and Cola Franzen's support, Max Ubelaker's expert advice regarding technical and translation matters, and the interest and friendship of my readers. Julio Silva's images are a surprise, a bountiful gift, and an inspiration. I thank all of them—my children, Natalia, Ezra, and Michal and, as always, my husband, Jeffrey Mehlman—for being part of my life, even in the enigmatic reversals of poetry.

Agradecimientos

El aliento de Christopher Maurer y de Cola Franzen, el cuidado de la edición de Max Ubelaker tanto a nivel técnico como en la traducción y el interés y amistad de los lectores han hecho posible el presente volumen. Las imágenes de Julio Silva son para mí sorpresa, regalo, fiesta y estimulo. A todos ellos, a mis hijos Natalia, Ezra y Michal y, como siempre a mi marido, Jeffrey Mehlman, les agradezco por ser parte de mi vida aún en los enigmáticos avatares de la poesía.

Tiernas y Calculadoras

Tender and Calculating

frívola con apetitos amorosos

Las cuentas claras me conservaron una amistad limpísima
con un contador público con quien comparto pizza
los domingos por la tarde

frivolous woman with an appetite for love

Thanks to a transparent contract I preserved a clean friendship
with an accountant with whom I share pizza
Sunday afternoons

¿tiene vuelto?

de nuestro amor me quedó
algo ácido
un dejo que me repite
pero no en el estómago

es en la memoria
querido en la memoria

lleváte la calle en que te conocí
devolvéme las ganas
y el resto:

todo para vos

got change?

our love left me
with heartburn
an acidic twinge that repeats on me
but not in the stomach

it's in my memory
darling in my memory

take away the street in which we met
give me back my appetite
and the rest:

it's all for you

**amor fallido
pose número uno**

¡se te fue la voz!

¿para qué dejar de cantar justo cuando empezaba a
prestarte atención?

truncated love
pose number one

you lost your voice!

why stop singing just when I was starting
to pay attention?

amor fallido
pose número dos

aquí había una vez una pareja que se peleaba todo el tiempo
cuando él quería un bombón
ella oía sacáte la bombacha
cuando ella le pedía masajes caricias números para jugar a la
                                                    quiniela
él la llevaba a locales cabalísticos donde cuatro
hombres juegan al dominó día y noche

todo el tiempo discutían con palabras gestos
y chasquidos de lengua

todo el tiempo se husmeaban tocaban y
rechazaban

pero como ya se sabe la felicidad
tuvo que acabar

los hijos llamaron a abogados
psiquiatras trabajadores sociales

ayer cuando los ví
se sonreían serenamente en el café del shopping

cada uno con la bolsita de compras en la mano
tarjeta de crédito a su nombre
cabecita obnubilada por píldoras perfectas al
alcance de su presupuesto y del tuyo

truncated love
pose number two

once upon a time there was a couple here that fought
all the time when he wanted candy
she heard take off your panty
when she asked for massages caresses lucky lottery numbers
he took her to kabbalistic centers where four men
play dominoes day and night

all the time they fought with words gestures
and clicking tongues

all the time they smelled touched
and rejected one another

but as we all know happiness
doesn't last

their children called lawyers
psychiatrists social workers

yesterday when I saw them
they were smiling calmly
in the mall cafeteria

a shopping bag each
side by side
credit cards in their own names
little heads clouded by perfect pills
well within their budget and yours

Madres alquiladas

Rental Moms

madres alquiladas

Han estado criando liendres
Les falta cariño
    Amor Mío:
debes correr a rescatarlos
    sonarles la nariz
hacer morisquetas
partirte en dos

Un parte de guerra anunciará los resultados

Al fin de tu vida
    hay una medalla
    una mujer sonriente vestida de gris
y el coro de niñas rescatadas por sus amantes

rental moms

They've been raising nits
They lack affection
    My Love:
you should run and rescue them
    wipe their noses
make faces
split yourself in two

A war communiqué will announce the results

At the end of your life
    there's a medal
    a smiling woman dressed in gray
and a chorus of girls rescued by their lovers

quieren fijar fecha y lo lograrán como todos

Rataplín rataplán
es un cojo
    reventado
        matraca alharaca gotea caca
es un tarado
        pata de palo
es un idiota
    cabezota embarrada
        jeta de rana

es un jodido que te canta una serenata
y vos melena desatada
boca entreabierta
esperas
    sonríes haces planes limpias ventanas
fijas ya la fecha encargas el vestido tienes tu tercer hijo

they want to set a date and will succeed like everybody else

Rat-a tat rat-a-plan
he's a cripple
    done for
        ruckus racket dribbling buckets
he's maimed
        peg leg
he's an idiot
    dirty pighead
        frog snout

it's a trickster serenading you
and you hair loose
mouth half-open
wait
    smile make plans clean windows
already set a date   order the dress bear your third child

milagros de la naturaleza

ha dado luz a un canguro
pestañas enruladas
cuerpito pringoso

admira su coraje   se relame

hoy le enseñará sus artes y mañana como quien no quiere la
cosa empezará a escarbar un agujero pronto túnel ya pasadizo

qué redonda la luna
qué caliente nuestro abrazo

miracles of nature

she's given birth to a kangaroo
curly eyelashes
sticky little body

she admires his courage   licks and licks

today she'll teach him his skills and tomorrow on the sly
will begin to dig a hole soon tunnel now passageway

how round the moon
how warm our embrace   .

es un encanto

consideremos vecinos que en este hogar hay una mujer
que se acuesta a las dos de la tarde y bajo el pretexto de dormir
la siesta mira fijamente el cielorraso con los párpados cerrados
de vez en cuando cree que está viva y entonces sale a hacer
compras, canta arias complicadísimas en salones que huelen a
dinero y a pisos encerados
consideremos que ella misma ha marcado el número de
teléfono de un amante   le ha dado la dirección de su mejor
amiga   que ha quemado un par de sábanas ha chasqueado la
lengua ha sido la autómata ataviada de rojo en una academia
de complicadas disciplinas

mañana partirá ofendida me reclamará detalles
imprevistos de un contrato que firmamos una noche
espléndida en la playa y cuando crea que todo ha acabado
recibiré una postal y su grito

she's a charmer

    let's take into account dear neighbors that in this home
there's a woman who goes to bed at two in the afternoon
pretending to take a nap stares at the ceiling eyelids closed
at times believes she is alive and goes out shopping, sings
convoluted arias in places that smell of money and waxed
floors
let's take into account that she herself has dialed a lover's
number   given him the address of her closest girlfriend
burned a pair of sheets   clicked her tongue performed as a red
robed robot in an academy of arcane disciplines

    tomorrow she'll leave offended   will demand that I give
her unexpected details of a contract we signed on a splendid
night at the beach and just when she believes everything is
over I'll receive a postcard and her scream

a esta mujer le falta algo

le dimos cuerda por la tarde
y como había un crepúsculo y se insinuaba ya el olor a
jazmines decrépitos no advertimos que le faltaba lubricante

le dimos cuerda por la tarde
queríamos que saliera disparada
       velocidad a toda prueba
         abnegación
            besitos expresivos

sus clientes gimen desorientados
ella sonríe porque aún no se ha dado cuenta

now this woman is missing something

evenings we wound her up
but what with the twilight and the whiffs of decrepit
jasmines oozing in we didn't notice she needed lubricant

evenings we wound her up
we wanted her to come shooting out
      at top speed
            all self-denial
                    devoted pecks and kisses

her clients whimper befuddled
she smiles because she hasn't caught on yet

un día de estos se escapa

un escándalo lo sabíamos
zozobraba en su propia bañadera
porque sola en el departamento
            chicos en el colegio
alcanzaba su destino de náufraga

mil veces te lo dije:
            recibo sus cartas
                    atiendo sus llamados
espero una señal

one of these days she'll run away

a scandal   we knew it
drowning in her own bathtub
because alone in the apartment
        kids in school
she reached her destiny as shipwreck

a thousand times I told you
        I receive your letters
                answer your calls
wait for a signal

la murga

le da vergüenza
se tapa la cara
no quiere tirar papel picado
descubre que tiene dolor de muelas

el tipo que la persigue no se ha puesto aún el antifaz
la mujer que le arruinará la vida ni siquiera
se ha presentado

pero le da vergüenza
deja atrás la murga
no se esconde

        a veces el destino es inexorable

street band

she's ashamed
covers her face
doesn't want to throw confetti
discovers she has a toothache

the guy pursuing her has not yet put on his mask
the woman who will ruin his life
has not even turned up

but she's ashamed
leaves the band behind
does not hide

       sometimes fate is implacable

vive apurada

su desenfreno le provoca olvidos
tiene un aliento a chocolate blanco
un vago tufo a cigarrillos sin filtro
    se viste de ocre
        en el verano parece desnuda

fue una distracción   amigos
no supo que se estaba muriendo
no atinó a despedirse
    decirnos:
        este se lleva el guante
aquel otro las pinzas de cobre

always in a hurry

her wild nature makes her forgetful
her breath smells of white chocolate
a vague whiff of unfiltered cigarettes
    she dresses in light beige
        in summer she looks naked

was a distraction   friends
didn't know she was dying
didn't manage to say good-bye
    tell us:
        this one gets the glove
the other one the copper tweezers

es el destino

para Luis Buñuel

se va de vacaciones con un hombre riquísimo que la besa
en trenes con camarotes de lujo   nunca llegarán a destino
porque así son perfectamente felices ella ha dejado de
lado todo cuidado y hacen el amor con insolencia delante
de damas vestidas de rojo que se abanican y murmuran al
borde ya de humildes orgasmos que creen apocalípticos
hasta el servicio reconoce el heroísmo de este romance y un
día sin pantalones pero de librea negra les sirven copetines
aceitunas papitas al aceite

it's fate

for Luis Buñuel

she goes on vacation with a really wealthy man who kisses
her on trains with luxurious staterooms   they will never
reach a destination because they are perfectly happy this
way   she has thrown caution to the wind and they make love
brazenly before ladies dressed in red who fan themselves and
murmur   now on the verge of modest orgasms they regard as
apocalyptic until even the servants become aware of the heroic
nature of this romance and one day wearing no pants only a
black livery jacket serve them drinks   olives   papitas in oil

tentaciones y tentáculos

en una revista
en un kiosko
por la noche
seguramente habrán salido a dar una vuelta después de la cena
sería idea suya y no de su desabrida mujer

en un kiosko cualquiera
al pasar

descubrirían su foto
ella le tendría envidia
él sentiría su estocada
    el fracaso
    su perfume
y apurado correría a hablarle por teléfono

tentacles and temptations

in a magazine
at a kiosk
at night
surely they will have gone for a stroll after dinner it would be
his idea and not that of his disagreeable wife

in any kiosk
in passing

they would discover her photo
she would be jealous
he would feel her stab
    disaster
    her perfume
and would race to give her a call

suerte

se precipitó sobre el periódico
canturreó algo en italiano
se comió todas las eses

y antes de dar el salto mortal
advirtió que había ganado la lotería

luck

she made a dive for the newspapers
hummed a few bars in Italian
swallowed all the esses

and just before taking the fatal leap
discovered she'd won the sweepstakes

Luto
tango

no hay caso, tesoro,
destaparemos la botella de champán
nos han deparado pocas noches
algunos días desparejos
y este sol intermitente

no hay caso
pagarás tus deudas en la oscuridad
poco haremos para acompañarte

mourning
tango

this is it, darling,
let's uncork a bottle of champagne
they've offered us a few nights
some odd days
and this on-and-off sun

this is it
you'll pay your debts in the dark
don't expect us to keep you company

poética

desdeñosa
haragana
mujer fatal
vulgar
sus apetitos clarividentes nos mandan al otro mundo

nos ha dicho mentira tras mentira
me ha involucrado en sus crímenes
ha logrado encarcelarme
y ahora insolente ensaya otro carnaval
me propone viajes escapatorias una vuelta al mundo en este
cuarto lleno de murmullos estridencias pelos sin señales

on poetry

disdainful
sloth
femme fatale
vulgar
her intuitive appetites send us to another world

she's told us lie after lie
involved me in her crimes
managed to imprison me
and now arrogant tries another carnival
suggests to me escape voyages around the world in this
room filled with strident murmurs
                          claptrap

otra vez, por favor

quiero que vuelvas y que me dediques una canción
te he comprado un impermeable azul para que tomados del
                                                    brazo
vayamos nuevamente al parque y nos burlemos de todas las
películas

quiero que vuelvas
    nos tomemos un vaso de vino
demasiado frío
                comamos queso aceitunas

otra vez dejaré sonar el teléfono
otra vez faltaré a nuestra cita en el tercer banco a la izquierda

periódico bajo el brazo
                        quiero que vuelvas
verte caminar hacia mí
                        de noche y de día
impermeable azul anteojos bufanda

once again, please

I want you to come back   dedicate a song to me
I've bought you a blue coat so that arm in arm
we'll go to the park again   laugh at all the movies

I want you to come back
　　we'll have a glass of wine
too cold
　　　　we'll eat cheese   olives

once again I'll let the phone ring
once again I won't turn up at our date on that bench
　　　　　　　　　　　　third row on the left

newspaper under the arm
　　　　　　　　　I want you to come back
see you walking toward me
　　　　　　　day and night
blue raincoat   glasses   scarf

final del juego

para Julio Cortázar

es demasiado joven
nos ha engañado con sus historias de princesas rescatadas
poco puede haber visto a esta edad

miente si te dice que estuvo ahí cuando se despertó la
bella durmiente y que ella misma asistió al casamiento de
blancanieves
    miente
es una niña
       es una indefensa que sólo quiere jugar

ya le he preparado su manzana
reluciente colorada
se la tenderé mañana con una sonrisa
con una pirueta y la llavecita de su celda

end of the game

for Julio Cortázar

she's too young
she's fooled us with her stories of rescued princesses
she couldn't have seen much at that age

she lies when she tells you she was there when sleeping beauty
woke up and that she herself attended snowwhite's wedding
    she lies
she's a girl
        forlorn girl who only wants to play

I've already prepared her apple
shiny red
I'll give it to her tomorrow with a smile
a pirouette and   the key to her cell

inconsolable

mis amigas se han escondido por última vez
percibo su aliento detrás de las cortinas
el espejo está aún caliente de sus reflejos

por rutina las busco
repito algún nombre
les digo: es hora de salir
    se hace tarde

       vamos a casa

inconsolable

my girlfriends have hidden for the last time
I sense their breathing behind the curtains
the mirror is still warm from their reflections

as usual I seek them
call out a name
say: it's time to leave
it's getting late

      let's go home

pecado original

queridas:
    estamos aquí porque un día

quince hombres solteros entraron al mercado
justo cuando ella distraída se había olvidado de que los
                                   deseaba

una vida no nos bastará para pagar la deuda
todos los valses del mundo serán insuficientes

sólo coros de diligentes lavanderas
podrían acabar con esa culpa

(recomiendo detergente en polvo
irrita las manos sin provocar estornudos
protege igualmente a familia y visitas
de molestias, respiraciones, protestas)

original sin

my dears:
we are here because one day

fifteen bachelors came to the market
just when she absent-minded had forgotten she wanted them

one lifetime and all the waltzes in the world won't be enough
for us to pay the debt

only chorus of hard-working washerwomen
could do away with that guilt

(I recommend powdered detergent
it irritates the hands without causing sneezing
it also protects family and guests
from annoyances, huffing and puffing, complaints)

no se aceptan devoluciones

la has perseguido en tus sueños y en tu vigilia
le compraste chocolatines
un departamento con vista al jardín
varios libros de moda
y paraguas de colores chillones para que no se entristeciera con
                                                    la lluvia

habla francés como una vampiresa
también se come las uñas con voracidad de huérfana

 se prepara para entregarte por fin el paquete

                distraída

no oirás
                el quejido que incesante
se escapa de allí adentro

no verás el agujero

                y apenas sabrás cómo darle las gracias

Frívolas y pecadoras

returns not accepted

you've pursued her in your dreams and in wakefulness
you bought her chocolates
an apartment overlooking the garden
various bestsellers
and umbrellas of bright colors so she won't get depressed by
the rain

she speaks French like a vamp
also bites her fingernails with the hunger of an orphan

 gets ready at last to give you the package

        distracted

you will not hear
        the strident complaint
coming from the inside

you won't see the hole

       and will hardly know how to thank her

el resto de tus días

el día de su cumpleaños
me robó cuatro dardos
y ahora juega
    cabeza enrulada
sonrisita inocente
a contar los días que nos quedan

the rest of your days

on her birthday
she robbed me of four arrows
and now plays
    curly haired
innocent little smile
at counting the days we have left

te cuido como si fueras mía

tus cuentos me sirvieron para asustarme del día
por eso uso este antifaz

                       recibo a mis amigos por la noche
con un té dulzón
y les digo: juguemos a las cartas
dispongamos de los minutos que nos quedan
no velemos el sueño de esta mujer

                es una impostora
una brujita de carnaval
un chiste pringoso
un caramelo clavado en el medio del alma

i care for you as if you were my own

your stories made me fear the daytime
that's why I wear a mask
                        receive my friends at night
with oversweet tea
and I say to them: let's play cards
make use of the minutes remaining to us
let's not keep watch over the dream of that woman
                        she's an imposter
a fortune teller from the carnival
a dirty joke
a caramel stuck in the middle of the soul

cortesana

se viste con ropa interior blanquísima
ensaya la entonación precisa
el momento de duda
para que él la ayude

doctor   doctor
amemos mis síntomas

expuesta
tendida
le invita
    hagamos esto y lo otro
antes de morirnos
      lo otro sobre todo

mientras su hija espera
obediente grave
en un vestíbulo con revistas
y una señora de labios colorados

courtesan

she wears whitewhite lingerie
practices the exact intonation
the moment of doubt
so he will help her

doctor   doctor
let's enjoy my symptoms

exposed
outstretched
she entices him
     let's do this that and the other
before we die
     above all the other

meanwhile her daughter waits
obedient serious
in a vestibule with magazines
and a lady with red lips

literatura comprometida

en el medio mismo de la revolución le dio ese dolor y cegado por la necesidad de un dentista cayó en los brazos de una mujer sin escrúpulos que le exigió más y más dinero hasta que una noche de estertores y promesas le extrajeron la muela de juicio y agradecido le entregó su destino, le prometió compartir su vida para siempre, cultivar su jardín y hacer versos con instrucciones que serían seguidas por humildes muchachitos de aquí y allá , dentaduras aún perfectas, pis refulgente y novias desinteresadas.

engaged literature

right in middle of the revolution he was struck by pain and
blinded by the need of a dentist fell into the arms of a woman
with no scruples who demanded more and more money
until one night of rales and promises they pulled his wisdom
tooth and grateful he surrendered his destiny, promised to
share his life forever, cultivate his garden and make poems
with instructions that would be followed by poor boys here
and there, teeth still perfect, sparkling piss and unselfish
sweethearts.

cuento de sobremesa

cenicienta vive en la casa de al lado
esta noche ha salido con mi príncipe

volverán antes de la medianoche
el beso será largo y tímido

emocionados
acaso temblando
se prometerán cosas
    tendrán vergüenza de decirlo todo
      dudarán
          antes de reanudar la caminata y absortos en
el encanto de futuras caricias y cuchicheos no verán la dorada
cáscara de banana a la espera de esos pies
                  estos zapatos

after dinner story

cinderella lives in the house next door
tonight she's out with my prince

they'll return before midnight
the kiss will be long and timid

wrought up
perhaps trembling
they will promise each other things
embarrassed to say it all
      they'll hesitate
            before resuming their walk and blinded by
the thrill of future whispers and embraces they won't see the
                    golden
banana peel anxious for those feet
           these shoes

apetitos de escritora en ciernes

he hecho los deberes
me han otorgado tres premios
tengo la palabra que nos hacía falta

vendrás hoy vestida de fiesta
cortaremos una torta indigesta
entre eructos y confites
me darás tu testamento

yens of budding woman writer

I've done the homework
they've given me three prizes
I have the word we were missing

you'll come tomorrow dressed for a party
we will cut an indigestible cake
between belches and bonbons
you'll give me your testament

lunario sentimental

las torturadas de amor han juntado sus afrentas
y hoy han hecho una guirnalda con ellas

TENGANME CONFIANZA
LES DARE VENDAS
DESINFECTANTE
DOCENAS DE PRESERVATIVOS MONOGRAMADOS

están sordas por el momento
se hacen las que no ven
tejen calceta

sentimental calendar

women tortured by love have gleaned their insults
and today have made them into a garland

TRUST ME
I'LL GIVE THEM BANDAGES
DISINFECTANT
DOZENS OF MONOGRAMMED CONDOMS

for the moment they're deaf
kill time
make believe they don't care

el espectáculo empieza cuando usted llega

se han dicho adiós después de la función
no me interesa lo que piensa cada uno
a solas en casa
    al sacarse las medias
preparar un té
solicitar la noche

vuelvo al teatro
busco debajo de los asientos
husmeo   huelo
escarbo en la alfombra
me llevo este polvo
aquella telaraña   un perfume

te escribo cartas insolentes
te cuento sus secretos
nos reímos sin acertar con la nota precisa
          sin alharaca
              sin ton ni son

Frívolas y pecadoras

the show starts when you arrive

they said good-bye after the performance
I'm not interested in what each one thinks
alone at home
     as they take off their stockings
make tea
beckon the night

I go back to the theatre
search beneath the seats
sniff   smell
scratch in the carpet
carry away this dust
that spider web   a perfume

I write you insulting letters
tell you my secrets
we laugh at ourselves without reaching the exact note
               without fuss
                    without rhyme or reason

escuela de hadas

para Nathalie Sarraute

es tan dulce que me la comería
hoy le voy a proponer que vayamos juntas al bosque
hoy me voy a vestir de maestra para darle la mejor nota
decirle que es mi alumna preferida

será hoy y no mañana porque tenemos los días ocupadísimos
adiestrando enanos, madrastras, lobos, brujas y ogros que
devoran a niños abandonados por sus padres

school for fairies

for Nathalie Sarraute

she's so sweet I could eat her up
today I'll suggest we go together to the forest
today I'll dress like a schoolteacher so as to give her the highest
                                    grade
tell her she's my favorite pupil

it will be today and not tomorrow because our days are
                                    overfilled
with taming midgets, stepmothers, wolves, witches and ogres
                                    that devour
children abandoned by their parents

no hay quien no necesite diplomacia

la brujita de enfrente
se pone ruleros a la luz de la luna
canta arias tristísimas

todos los jueves
    trina
        trinando
prepara una pizza aromática
llama un taxi

y se va al consulado

a bit of diplomacy always comes in handy

the little witch across the street
puts her hair in rollers by the light of the moon
sings the most heartbreaking arias

every Thursday
    trilling
        trills
she prepares a fragrant pizza
calls a taxi

and takes off for the consulate

queja amorosa

son cuatro veces
y la tercera fue la vencida

por eso no me viste

te recuerdo que me llames
te imploro que uses la corbata a pintitas
y te cambies de pantalones

lover's complaint

that's four times
and the third was the last

that's why you did not see me

I remind you   call me
I beg you   wear the polka dot tie
change your pants

no le creas

si mis consejos te aturden basta con que digas:
>   por favor la silla de ruedas

>   odalisca paralítica
>   hojita en la tormenta

aquí estaré para protegerte
darte un seguro de salud gratuito
cerrar la puerta a doble llave

don't believe him

if my advice rattles you then simply say:
the wheel chair please

        paralytic odalisque
            leaf in the storm

here I will be to protect you
provide you with free health insurance
double lock the door

miss poesía

anda en motocicleta vestida de vampiresa

fuma en boquilla unos cigarrillos con tufo a orégano

tiene cuatro novios respetuosos

dos perritos falderos

y una mariposa amaestrada para los días faustos

miss poetry

she rides around on a motorcycle dressed like a vamp
smokes cigarettes smelling of oregano in an ivory holder
has four respectful sweethearts
two cute lap dogs
and a trained butterfly for special holidays

salomé

de los siete velos le han quedado dos
esta noche
    me los ganaré en una rifa

listas están cintas
                musiquitas
pestañas cámaras fotográficas

quiero que me saquen de perfil
quiero que me vendan al primer postor

salome

of her seven veils only two remain
tonight
I'll win them in a raffle

on hand are tapes
          background music
eyelashes cameras

I want them to photograph me in profile
I want them to sell me to the first bidder

urgente

gorrioncito:

hoy te ví a la salida del desfile
ibas disfrazada de mujer
tacos altos
cartera
un nene de la mano

esta noche me rendirás cuentas
te daré un visado instantáneo
volaremos juntos hasta la madrugada

urgent

my dear sparrow:

    today I saw you at the end of the parade
    you were disguised as a woman
    high heels
    purse
    child by the hand

    tonight you'll report to me
    I'll give you a visa on the spot
    we'll fly together until dawn

lección de historia

antes que nosotras

                  ellos

antes de ellos

                          nadie

history lesson

before us women

                    men

before men

                          nobody

pobrecita

toqué el timbre cinco minutos
oí tus pasos sobre la alfombra
supe que huías

sentí el placer del canario cuando le dabas su alpiste
el estremecimiento de tu piel debajo de la ducha
la pesadez de tus párpados antes de la siesta

No podrás ocultarte
también yo preparo una sopa de cebolla
tiendo a secar la ropa en la azotea
busco mi nombre en las noticias del extranjero

Espero nerviosa que vengan a buscarme
Prometo no abrirles la puerta

unlucky woman

I rang the bell for five minutes
heard your steps on the carpet
knew you were fleeing

felt as happy as the canary when you'd give him his birdseed
how shivery your skin beneath the shower
how heavy your eyelids before the siesta

You cannot hide
I also prepare onion soup
hang the laundry on the rooftop
search for my name among foreign news

I wait nervously for them to come for me
I promise not to open the door

cerrado por vacaciones

Permítanme decirles que la función ha terminado
No insistan en quedarse
Ella debe irse
Está embarazada
    le duelen las piernas
            ha tenido una premonición
(esta tarde levitará

BARRILETE

prepárate para recibirla)

closed for vacation

Allow me to inform you that the performance has ended
Do not insist on staying
She needs to go
She's pregnant
    her legs hurt
        she's had a premonition
(this evening she'll lift off

KITE

get ready to receive her)

por qué lee y escribe

el coro le ha dicho que nada es gratis
pero ella sigue pidiendo prestado

ustedes saben
        está en deuda

la reconocen por tramposa
admiran su desvergüenza
este gesto en la tormenta

why does she read and write

everybody has told her that nothing is free
but she keeps asking for loans

you all know
    she's in debt

they're aware she's crafty
admire her barefaced manner
this gesture in the storm

Teatro de marionetas

Puppet Theater

primera actriz

desciende de las monas
llegó con un collar de bananas
hambrienta

le puse estas plumas
un corazón anaranjado en el agujero del pecho
agradecida me sigue por todos lados

escudriña la sala desde mi camarín

leading lady

she descends from monkeys
arrived with a collar of bananas
hungry

I dress her in feathers
put an orange-colored heart in the hole in her chest
grateful she follows me everywhere

she checks the house from my dressing room

el galán está de licencia

Pedro pata de palo:
no me dejes sola
me gusta escuchar tu bastón

ahora mismo te renuevo el contrato
una novia vestida de morado
se cepilla los dientes

     corre se apura
llegará con un regalo envuelto en algodón

(debes aceptarlo con una sonrisa
     todas las tardes
       justo en el medio de la función)

Frívolas y pecadoras

the male lead goes on leave

Pedro peg-leg:
don't leave me alone
I like hearing your cane

this minute I'll renew your contract
a bride-to-be dressed in purple
is brushing her teeth

      runs hurries
will arrive with a gift wrapped in cotton

(you should accept it with a smile
      every afternoon
           precisely in the middle of the performance)

estatuitas

la señora Midas es muy pobre
lustra monedas relojes tortas y caramelos
todo gratis

agradecido
su marido frunce los labios
le pide le dice contoneándose
                un besito
                        un abrazo
pero ella se niega y lustra que te lustra
el culo de la amante
            la adúltera
                    la dorada enemiga

shiny trinkets

mrs. midas is very poor
she polishes coins watches cakes even candy
at no charge

grateful
her husband   pouting lips
      swinging hips
pleads with her
          a little kiss
            a hug
but she says no and over and over polishes
the otherwoman's bottom
      the adultress
          her golden enemy

¿comemos juntos?

bravo   bravo bravo
rematada está la cucaracha
                la negra antigua transeúnte

MADRE MATA INSECTO REPUGNANTE

los niños ya se lo agradecen
sus risitas y gorjeos
            sus ronroneos y tranquilidades
tapan el aleteo del águila

(seamos francos también sus hijos deben desayunar
crecer volar despreciar a quienes abajo se arrastran
degluten toman leche dicen este mundo es un manjar)

shall we eat together?

bravo   bravo bravo
the roach is finished off
                    black ancient transient

MOTHER KILLS DISGUSTING INSECT

the children thank her now
their giggles and gurgles
         purrings and serenity
muffle the eagle's flutters

(let's be blunt their children should also eat
grow   fly   scorn those below who drag themselves along
swallow drink milk say this world is a treat)

mesa familiar

mi suegra tiene una cartera negra de la cual saca fotos de su
hijo predilecto vestido de monaguillo de soldado de mozo y
me las muestra con lágrimas en los ojos ella luce imponente
mientras yo le leo la crónica de nuestros triunfos le muestro
las fotos de mi hijo le doy una estocada cuando le digo es
pequeño es nuestro come lo que le doy todos los días y dejo
que se vaya vencida sin regalarme la torta en el fondo de la
cartera seguro que se deshacerá en miguitas y ella las ofrecerá
una por una a las palomas de la plaza hasta que anochezca y
pueda maldecirme exuberante
pelo suelto tacones colorados

family table

my sister-in-law has a black purse from which she takes photos
of her favorite son dressed as altar boy soldier youth and
shows them to me with tears in her eyes she looks imposing
while I read her the account of our triumphs   show her the
picture of my son   give her a stab when I tell her he's small
he's ours eats what I give him every day and I let her leave
beaten without giving me the cookie in the bottom of her purse
sure it will crumble into bits that she will offer one by one to
the pigeons in the park until nightfall and then she can curse
me jubilant
hair loose red high heels

prohibido para menores

susurran entre ellas se abanican se ríen
en el fondo están aburridas no saben qué hacer
pero hoy termina el espectáculo
mañana vendrán a buscarme al colegio
prepararán leche chocolatada
y me harán una trenza tirante discreta

ojos abiertos yo les saco una foto
noto su escándalo
la grieta en sus mejillas con rouge

minors not admitted

they whisper back and forth to each other   fan themselves
laugh
at bottom they're bored   don't now what to do
but the show ends today
tomorrow they'll come to school to get me
they'll prepare chocolate milk
plait my hair in a long modest braid

eyes wide open I'll take a snapshot of them
take note of their scandal
the furrow in their rouged cheeks

problema no matemático

la nena persigue a la mariposa
esta red tiene agujeros redondos
        simétricos
               grandes
la mariposa   alas cuadradas

queremos saber
cuánto le ha dado su madre
a la mariposa para que entre en la red
y valientemente
    se deje pinchar un ala y
                    ahora la otra

non-mathematical problem

the little girl chases the butterfly
the net has large symmetrical
     round
          holes
the butterfly   square wings

we'd like to know
how much the mother has given
the butterfly so it enters the net
and bravely
    lets one wing be pierced and
                now the other

acá también hay poesía qué se creen

qué bárbara está con esos bucles
qué encantadora su sonrisa
qué almidonada la enagua

nada nos da lástima en ella
es toda regocijo
esplendor de madera pintada

mi estrella mi adornada austera vigía

believe it there is poetry here too

how smashing she looks with those curls
how enchanting her smile
how well-starched her petticoat

there's nothing in her to pity
everything is delight
brilliance of painted wood

my star my decked out austere watch

a este baile venimos de lejos

para Cola Franzen

Todas mueren al dar a luz

lo sabíamos pero nadie se ha enterado
Juntas cocinamos una torta espléndida
Enviamos invitaciones a gente con ocupaciones dudosas

El chiste es para la punta de una flecha
queremos rogamos y tratamos de que te llegue
    antes de que tengas las maletas cerradas a doble llave

we've heard that old tune before

For Cola Franzen

They all die giving birth

we knew it but nobody has ever let on
Together we cooked a splendid cake
Invited people involved in dubious professions

The joke is for the point of an arrow
we wish pray and try to make it reach you
    before you have your bags packed and double locked

el teatro de marionetas queda a unos pasos

al desconocido del puente, en Praga

demasiado pálido para sonreír
este muchacho en mayo sweater verde oscuro y anuncios de
conciertos en iglesias   nos hemos cruzado en el puente más
de una vez y nos reconocemos viciosos de las estatuas la
niebla el río marrón la anticipación de que acaso el aleteo de
una paloma o la manera en que cae la lluvia nos revele algo
un dato una clave viviremos menos que las piedras menos
que los putti que insolentes bailan y se abrazan en arreglos
histéricos   viviremos menos por eso nos apuramos nos
saludamos casi alegres antes de desaparecer en aquella calle
este teatro

the puppet theatre is just around the corner

to an unknown young man on the Charles bridge in Prague

too pale to smile
this young man in May dark green sweater and flyers about
concerts in churches   we've crossed paths on the bridge more
than once and now recognize one another addicts drawn to
the statues the fog the brown river the intuition that perhaps
the flutter of a pigeon or the way the rain drops might reveal
something to us a fact a key we will not live as long as the
stones not as long as the putti that dance and embrace insolent
and hysterical we will not live as long that's why we hurry
greet one another almost gaily before disappearing into that
street this theatre

dedicatoria

Es un paisaje de guerra te digo
esta plaza que tan largamente recorremos con
sus oscuridades hechas a la medida de estas caricias
es un devastado campo de batalla

si te protejo del viento con mi abrigo y
olvidando pudores dirijo tu mano hacia mi cuerpo
no olvides la ubicua violencia que nos une

estos suspiros aquellas sonrisas alientos en mejillas

Ay del dolor en vilo
Ay queridos aplastados sin inocencia
Ay mis tiernísimas cucarachas.

dedication

It's a war zone I tell you
this place where we stroll for hours
with dark corners made to order for our caresses
it's a devastated battleground

if I shield you from the wind with my coat and
forgetting modesty guide your hand toward my body
don't forget the ubiquitous violence that joins us

the sighs the smiles the breath against the cheek

Oh the sadness in the wind
Oh my dear ones crushed without innocence
Oh my poor delicate little roachbugs

Mujeres tímidas

Timorous Women

correspondencia

Queridos:

Toda mi vida la he pasado buscando un desodorante a la medida de mi amor. Una fragancia que hablara de un chalet con jardincito al frente. Tocadiscos sin música folklórica. Algo que acomode y borre la insinuación de otro cuerpo en el mío.

¿Cómo alcanzar esa invisibilidad virtuosa para mis oscuridades? ¿Dónde ocultar esos olorosos contactos de contrabandista? Mi sueño asimétrico exige una respuesta inmediata, la eficacia de veloces huídas hacia desiertos palpables.

correspondence

My Dears:

I have spent my life looking for a deodorant that would match my love. A fragrance that would evoke a chalet with a little garden in front. A record player without folk music. Something cut to fit that would erase the insinuation of another body in mine.

How to reach that virtuous invisibility for my murkiness? Where to stow those fragrant smuggler's frictions? My slantwise sleep demands an immediate reply, the efficacy of swift flights toward palpable deserts.

detalles de sus cuestionables atractivos

las etapas de la pasión la eluden
vestida casi sin darse cuenta luce
materiales arrebatados busca la
certidumbre de la luz artificial

un sombrero el pelo hacia el costado
un pañuelito (es invierno)
la libreta de teléfonos alguna amiga fiel
zapatos siempre algo incómodos

cariño: ¿qué te acecha en el colectivo?
¿adónde vas? por qué el empecinamiento
de tus caídas de ojos tus opiniones políticas

nada envejece apropiadamente en la ciudad
nos enmohecemos mirándonos la cara
la tuya tiene un rouge casi ideal

me gusta sobre todo tu manera de fumar
el guante antes de que lo guardes en la cartera marrón.

details of her questionable attractions

the stages of passion elude her
almost without noticing she puts on
bizarre fabrics goes looking for the
certainty of artificial light

a hat hair parted on one side
a wrap (it's winter)
a little datebook some faithful girlfriend
shoes always a bit uncomfortable

love: what's lying in wait for you on the bus?
where are you going? why the stubborn
downcast eyes political opinions

nothing ages properly in the city
we grow moldy looking at each other's faces
yours has an almost perfect shade of rouge

most of all I like your way of smoking
the glove before it's placed in the wine-colored purse.

mujeres tímidas

una canción dulcísima la penetra
sus zapatos están sabiamente charolados
mirada hacia la plaza hacia el árbol hacia lo que asciende sin
temor "quiero darte una mirada con raíces, lo verdadero, lo
oscuro de mi amor, corazoncito de vino, botellita, tesoro"
Cuando camina parece un poema de Tablada

tan ordenada

tan secreta

tan petisa

Lee cartas en el banco Se arregla el cuello del tapado
Fue una maestra ejemplar
Fue la novia tierna
fue la nuera
    tía
    hermana mayor
    bailarina clásica
    cocinera
    adúltera discreta
su timidez me adula me relee me espanta
con sus silencios prepara mi asesinato
sus caricias me dan espejo
un cuchillo un látigo el ritmo de su hambre.

timorous women

a sweetsweet song stabs her
her shoes are sagely polished
glance toward the plaza toward the tree toward whatever is
rising without fear "I want to give you a glance with roots, the
true the dark side
of my love, dear heart, little round jug, jewel"
When she walks she looks like a poem of Tablada

                             so precise

                             so secret

                             so stocky

She reads letters on a bench Arranges the collar of her coat
Was exemplary teacher
Was tender sweetheart
was daughter-in-law
    aunt
    older sister
    classical ballerina
    cook
    discreet adulteress
her timorousness flatters me   peruses me frightens me
her silences make ready my assassination
her caresses offer me mirror
a knife a lash the pulse of her hunger.

sin filo

practicaba el amor con una infidelidad dogmática
recetaba anfetaminas a sus amantes
les daba excusas pedidos de licencia días feriados
(construyó monumentos en contra de las fiestas patrióticas)

Con vaselina pomos de pintura disfraces
se dirigía a los hoteles
quemaba las sábanas después de cada orgasmo
fingía no responder a su propio nombre
ensayaba caricias confesiones biografías
ah los antifaces algodones caretas

Hubieron lluvias catálogos crímenes sin muertos
pero dónde está el cementerio
dónde la locura que un día la llevó irascible
a rasgar sus ropas embanderarse de insultos
trastornar la simetría

baile flamenco violencias coreografiadas
muñeca de barrio soñando aeropuertos
barco en piscina privada

En el carro parecía una princesa una monja un caballo
En la horca una banana un chorizo un condenado famoso

La lloramos sin recordarla
camarín péndulo cuchillito sin filo

without blade

she practiced love with dogmatic infidelity
prescribed amphetamines for her lovers
gave them excuses requests for leave days off
(erected monuments against patriotic holidays)

With vaseline pots of paint masks
she went to hotels
burned the sheets after each orgasm
pretended not to respond to her own name
tried out caresses confessions biographies
ah the masquerades ear plugs visors

There were downpours catalogs crimes with no dead bodies
but where is the graveyard
where the madness that one day led her irascible
to rip her clothes beflag herself with insults
upset the symmetry

flamenco dance choreographed violations
neighborhood doll dreaming airports
boat in private swimming pool

On the cart she resembles a princess a nun a horse
On the gallows a banana a sausage a famous criminal

We weep for her without remembering her
cowl pendant jackknife without blade

carareos fatigosos

Se fue a pasear con contoneos de reina.
Le dolían las caderas en el paso
llevaba profecías de humillaciones.
Extendía sus encantos
con amenazas de presencia.

Sus cómplices sólo perciben el miedo
los ata con imprecisiones
los cose sin soltar un solo nudito
los abandona en parques después del amor
(cacarean pobres avecitas sin nido es que no hay después
de ella es toda melancolía empecinada tristeza
verdad a estocadas)

A ella todo esto la fatiga
promete exigir una militancia desusada
con astucias elabora silencios
Su próxima mirada caerá relampagueante.

tiresome cackles

She went out walking with the sashaying gait of a queen.
Her hips ached at every step
carried prophecies of humiliations.
She offered her charms
with threatening presence.

Her accomplices only sense the fear
she binds them with imprecisions
sews them up without leaving a single loose knot
abandons them in parks after lovemaking
(how they cackle poor little birds with no nest the fact is
there is none after her nothing but melancholy ingrained
sadness
truth like sword thrusts)

As for her all this wears her out
she promises to demand an uncommon militancy
shrewdly she elaborates silences
Her next glance will fall like forked lightning.

poesía de lujo

los vicios de la ciudad le provocan
mínimos sacrificios diurnos porque
entendámonos
NO SE PUEDE HACER POESIA LEJOS DEL VINO
(resultaba inútil mirarla en esos días
hundida en el subterráneo para pedir
limosna sonrisas historias juegos)

La echaron y la condujeron a la noche
la encerraron bajo llave para maquillarla
le compraron plumas le metieron sonetos en la lengua
la adobaron con apologías le enseñaron discursos
le afinaron el sexo para recibir premios literarios
le contaron fábulas en ediciones encuadernadas.

Cuando salió la conminaron a aceptar declamaciones
Más feliz que un equipo de fútbol triunfante
Más radiante que un día patriotero lució
su sonrisa sus alegrías bien amaestradas.

la seguimos en patota le arrancamos las pestañas
la asustamos con gritos le manchamos los libros

PREPARAMOS UNA VOZ SOLO AULLIDO

UN JARDIN RAPIDAMENTE JUNGLA

Cuánto silencio gorrioncitos míos nos espera

poetry de luxe

the vices of the city move her to
minimal daily sacrifices because
                    let's get this straight
YOU CAN'T MAKE POETRY WITHOUT WINE
(it was useless to look at her in those days
huddled in the subway begging for
change smiles stories games)

They threw her out and carried her into the night
they locked her up to put make-up on her face
they bought her pens they put sonnets on her tongue
they fitted her with apologies they taught her speeches
they honed her sex to receive literary prizes
they told her fables in boxed editions.

When she went out they warned her to accept declamations
happier than a winning football team
More radiant than a patriotic holiday she showed off
her smile her well-tamed merriment

a gang of us follow her we yank out her eyelashes
we frighten her with shrieks we splotch her books

WE MAKE READY A VOICE HOWL ONLY

A GARDEN SUDDENLY JUNGLE

What deep silence awaits us my poor dear sparrows

fotografía del matrimonio perfecto

Caminaron cada vez más cerca
uno del otro En cada esquina sus pasos
se volvieron más parejos
Una que otra voz les recordaba
imaginaciones pasadas excesos separatistas

Con cuánto terror unían las manos
Qué desesperación acompañaba sus complicidades

(Sabemos que lucharon por esa intimidad
Anticipamos sus miedos su desligarse de extranjeros
Admiramos el fervor de sus silencios.)

Crearon un tercer sexo compartido
sus voluptuosidades nos excluyen
                nos ironizan
                me vuelven fotógrafa
                espía

Al hablarte mi marco te inventa
Amenazo nuevos idiomas
Una lengua para enmudecerte.

photograph of the perfect couple

Each day they walked closer
to one another On every corner their steps
became more alike
One voice or the other would remind them of
past imaginations separatist excesses

With what terror they linked their hands
What desperation accompanied their complicities

(We know they fought for that intimacy
We anticipate their fears their withdrawal from strangers
We admire the fervor of their silences.)

They created a third shared sex
their voluptuous selves exclude us
     mock us
     turn me photographer
     spy

As I speak to you my frame invents you
I threaten new idioms
A language to exhaust you.

gramófono

para Agustín Lara

la mitad se la debía a sus infamias
pequeñeces para arrastrarla al perdón
            y darle cita
en confiterías a media tarde hora en que
(porque los niñitos en la escuela)
el perfume llevarla discretamente hacia una calle
eliminar los rastros no confesar el aburrimiento

Cómo se acaba ese mundo acabado hermanitos míos
Deberán traducir nuestras canciones de amor
Sucumbiremos antes de las obras de restauración.

record player

for Agustín Lara

half of it was due to her misdeeds
trifles to force her to apologize
                 and agree to meet him
in tea shops in mid-afternoon when
(the kids in school you know)
the perfume guide her discreetly toward a street
cover up the traces not admit to being bored

How will this finished world finish my dearest dears
They should translate our love songs
We will perish before the restoration work is done.

a modo de protección

los acusaban de azotes
una serie de latigazos fluía
de sus palabras
           decía "basta quiero irme"
Se inventó nuevos peinados. Les aseguro que la ví dando
vuelta la esquina, parada como si no hubiera pasado nada.
Esperaba otra historia; un hombre que la compadeciera por
tanta manera de quedarse sin perdones, su entereza en la
preparación de guisos, su cuerpo amoroso poseedor de hijos
futuros. Ustedes me dirán para qué sirve toda esa preparación
si no era inmortal.
      Amigos: nunca supo de su propia mendicidad. Frente a sus
ojos era una reina. En sus sueños bebía hasta hartarse.
          TENIAN COMPARSAS DE HARAPOS
          LA CALLE ERA SU PATRIA

Nosotros le tenemos miedo a ese amor a carcajadas
La basura nos sube a la garganta
      quisiéramos vomitar
      que no nos alcance esa libertad
      no saber nunca el color de sus deseos.

by way of protection

she accused them of thrashings
a series of lashes flowed
from their words
      she said "enough I want to go"
She invented new hair styles for herself. I assure you I saw
her rounding the corner, standing there just as if nothing
had happened. She was waiting for another story; a man
who would pity her in such a way that she would be left
without pardons, her strictness in the preparation of stews, her
amorous body possessor of future sons. You tell me what good
is all that preparation if she was not to be immortal.

      My friends: she never realized her own mendicity. In her
eyes she was a queen. In her dreams she drank until she was
sick of it.
      THERE WERE RAGTAG REVELS
      THE STREET WAS HER COUNTRY

She frightens us with that love of loud laughter
The garbage rises in our throats
   we feel like vomiting
   don't let that freedom reach us
   never ever know the color of her desires.

no saltes

Le habían dicho que eso era el jardín
Ahora espera a los asesinos
Con piruetas sin adorno se precipita
hacia la acción

Su arma es el desapego
Una intensa curiosidad le hace saltear estos abismos.

don't jump

They told her this was the garden
Now she awaits the assassins
With a bare pirouette she catapults
toward the action

Her weapon is her detachment
A feverish curiosity pushes her to jump these chasms.

la mujer de menos de cincuenta años

Si la parte difícil del negocio
les parece clara digamos sólo:
cuando la mujer de menos de cincuenta años
no tiene quien la proteja flota flor de lis
sometida a caprichos mercantiles

busca afanosamente alguien para su álbum
regala cerrojos misivas amorosas
propagandas hogar dulce hogar

inminentes los niños interrumpen su tarea
cantan loas a la paternidad
crecen en casas ordenadísimas
juegan a las escondidas a los rumores
risitas diurnas para burlar la siesta
manipulan las calificaciones escolares

cuando escribamos esta historia
¿quién recibirá las fábulas?

the woman under fifty

If the hard part of the deal
seems clear to you we can only say:
when the woman under fifty
has no one to protect her she floats fleur-de-lys
subject to the caprice of the market

she searches zealously for someone for her album
hands out latches amorous missives
advertisements home sweet home

from the wings the children interrupt her task
sing praises to paternity
grow up in incredibly neat houses
play at hide-and-seek gossip
giggle outwit naptime
juggle their scholastic grades

when we write this story
who will receive the fables?

proverbio

"lo malo del tiempo es la espera entre cobijas"

como no aguantábamos la tensión
emprendíamos paseos acolchados
conversaciones de reojo

amabilidad permiso
NO TE PREOCUPES

nadie supo cuando la filosa alegría de su sexo
huyó de las fértiles estaciones extremas
hacia la primavera el otoño
el equilibrio
clisé
la literalidad

Frívolas y pecadoras

proverb

"nothing as bad as waiting between the sheets"

since we couldn't bear the tension
we undertook cushioned walks
sideways conversations

affability   excuse me
DON'T TROUBLE YOURSELF

no one knew when the sharp gaiety of her sex
fled from the fertile clearcut seasons
toward springtime autumn
equilibrium
cliché
the literal

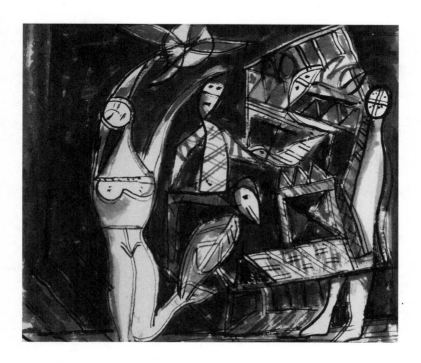

La venus de China

The China Venus

strip-tease

La venus de China se concentra en su maquillaje. Polvos de
arroz labios colorados. Manos frágiles. Avanzo hacia ella con
decisión.

    Si mis pasos la ensordecen
    deberé descalzarme
    ofrecerle algodoncitos
    desentumecer sus orejas
    protegerla del ruido mundano
Vive entre terciopelos que mira cejijunta y grave para
horrorizarse ante mínimas manchas de polvo. Tiene una
hermosura neutra, hecha a la medida del consumidor. Nunca
supo el valor de su palabra.

    ES UNA BAILARINA MUDA
    su strip-tease es ilusorio
    cuando los clientes suspiran
    sólo ellos ven su desnudez

    ES UNA ESTATUA BLINDADA
    quienes las tocan desaparecen
    vuelve en los sueños de viejos masturbadores
    inquieta a empleados de comercio
    evoca nostalgias en las ancianas

    LEVITA SIN DESPEDIDAS
    se está yendo todos los días
    nos alegramos de no verla
    compañerita ciega
    estúpida con agallas
    culito perfecto.

strip-tease

The China Venus concentrates on her make-up. Rice powder
lip color. Delicate hands. I approach her with decision.
>If my steps deafen her
>I will have to take off my shoes
>offer her cotton balls
>revive her ears
>protect her from worldly noise

She lives amid velvets that she inspects frowning and serious
ready to be horrified by tiny flecks of dust. Her beauty is
neutral, tailor-made for the consumer. She never knew the
value of her words.
>SHE IS A MUTE BAILARINA
>her strip-tease is an illusion
>when the patrons sigh
>only they are seeing her nakedness

>SHE IS AN ARMORED STATUE
>whoever touches her vanishes
>she reappears in the dreams of old masturbators
>she disturbs the clerks and salesmen
>evokes nostalgia in old women

>SHE ASCENDS WITHOUT FAREWELLS
>she goes on leaving every day
>we would be happy not to see her
>dear blind sister
>gutsy dumbbell
>perfect little bottom.

el interminable strip-tease de la marioneta

El público excitado aguarda las maniobras
Una a una mirará sus caras
guiada por el titiritero
Se quitará las ropas lentamente
Cada prenda la promesa de intimidad
Cada bretel esperanza de transgresión

Transpiran y se felicitan
Aguardan un momento clave
                ver EL CUERPO
                        poder justificar el precio de la entrada
Envejecerán ante ella
Continuará sonriendo
Sus manos agitadas en las caderas
Piernas entreabiertas

El titiritero renueva constantemente las ropas
Detrás del escenario se desvanecen sus ventajas
Un tiempo incesante
                toma posesión de sus dedos
                jadea huesudo

the interminable strip-tease of the marionette

The aroused audience awaits the maneuvers
One by one she will look in their faces
guided by the puppeteer
she will take off her clothes slowly
Each garment a promise of intimacy
Each strap a hope of transgression

They sweat and congratulate one another
They wait for the supreme moment
        to see THE BODY
        to justify the cost of the ticket
They will grow old before her
She will keep on smiling
Her nervous hands on her hips
Legs spread

The puppeteer keeps replacing her clothes
Behind the scenes her advantages disappear
An incessant time
      possesses his fingers
      skeletal gasps

la venus de china piensa en hacer el amor

se había arreglado con lentejuelas con cadáveres arrimados al
fuego
se había hecho compresas de talco en las nalgas polvos de
arroz

pestañas postizas pezones pintados
ombligo perfectamente delineado

Debajo de la ducha juró el futuro orgasmo
Preparó el grito de placer
Urdió un prolijo amor desordenado

sábanas rojas almohadas tiradas en el piso medialuz de
perfumes
Música de arrabal
Qué tensión de caricias
Qué cuerpos calientes en el centro del mundo.

the china venus thinks about making love

she had adorned herself with sequins with cadavers pushed
                                    toward the fire
she had made compresses talcum powder on the buttocks rice
                          powder

   false eyelashes rouged nipples
   perfectly outlined belly button

In the shower she swore an orgasm to come
She practiced the cry of pleasure
Plotted a meticulous wild love scene

red sheets pillows strewn around the floor half moon of
perfumes
Low-down music
What a taut crisscross of caresses
What burning bodies at the center of the world.

enfermedades de la venus de china

Cuando era chica y tenía fiebre
la tendíamos a la intemperie
le quitábamos la matraca

lloraba a gritos vos sabés lloraba a los gritos
porque no había recreo posible
los relojes parados a la hora exacta
Qué loca que era desde chica

no quería al médico no quería a la tía
no quería al señor a la salida del parque
no quería a nadie esa chica asquerosa
ese mosquito joven interfiriendo en nuestros coitos
decía: "la feria me cansa la televisión me irrita
no me besen ni me toquen ni me enseñen métrica
me joden los diarios los entierros el jabón tocador"
mosquito en el ojo entre ceja y ceja
nunca encuadernó un libro ni se interesó por la salud
de sus maestros ni veneró a sus amantes por ternura
le habían indicado que se muriera de a poco
imposible con tanta documentación fotografías

una arqueología de voces y puñales
ordena el amor de sus guerras
Hay prólogos divisiones estratos
en su interminable longevidad.

ailments of the china venus

When she was a little girl and had a fever
we would put her outdoors
take away her rattle

she screamed her head off you know screamed her very head
off
because there was no possible recess
clocks stopped at the exact hour
How crazy she was even as a kid

didn't like the doctor didn't like the aunt
didn't like the gentleman at the exit of the park
didn't like anybody that disgusting kid
little gnat interfering in our coitus
always saying: "the fair is boring television annoys me
don't kiss me don't touch me don't teach me the metric system
newspapers funerals the soap in the dressing room screw them
all"
gnat in the eye right between the eyes
never cracked a book or showed any interest in her teacher's
health never did venerate her lovers with any tenderness
they had advised her to die little by little
impossible with so much documentation photographs

an archeology of voices and daggers
she deploys the love of her wars
There are prologues divisions strata
in her interminable longevity.

visitas médicas

es un absurdo querido doctor
déjeme explicarle:
     si cuando desesperada corre de
un lado de la pieza al otro y tomando una aspirina
trata de metérsela en el ombligo porque eso cura
esa enfermedad masiva que para ella trabaja de adentro
para adentro no es porque usted le guste ni quiera
llamar la atención metérselo en el bolsillo
entrar en la cosa de doctorcito doctorcito quien
es la paciente más hermosa
     y si bien es cierto que
su locura es sobre todo seducir mantener la
situación fuera de los calendarios inventar bebés
apacentar enormes terrenos solitarios jardines
donde su hechizo es único desierto de olores
(así es mejor mucho mejor abrirse estilo flor y
eso que insiste se insinúa es más homenaje que
fracaso más deseo que guante) Carnavales sin
disfrazados andar por la calle enamorar a un niño
que aún no dice mamá Saber que durante años lo
perseguirá su imagen anónima la horma de su placer
Atardeceres en un bar causas inexplicables de
pelea entre novios de la infancia Hombres y mujeres
alucinados
por la posibilidad de su contacto de dan cita siglos
después de entreverla no sea absurdo doctor

Frívolas y pecadoras

visits to the doctor

it's crazy my dear doctor
let me explain:
      if when she's desperate and runs from
one side of the room to the other and taking an aspirin
tries to put it in her navel because that cures
her massive illness that works from the inside
toward the inside not because you like it or might want
to call attention winning her over
starting in on the business of doctordear doctordear who's
the fairest patient here
      and if it's really true that
her madness consists above all in seducing keeping the
situation beyond the range of calendars inventing babies
nurturing enormous solitary terrains gardens
where her sorcery is unique deserts of aromas
(that way it's better much better to open flower-like and
she insists insinuates that it is more homage than
fiasco more desire than glove) Carnivals without
disguises to walk down the street enchant a child
who can't yet say mama To know that for years he will be
                         pursued
by an anonymous image the shape of his pleasure
Sundowns in a bar inexplicable causes of
battles between childhood sweethearts Men and women
                       dazzled
by the possibility of her nearness make dates centuries
after glimpsing her don't be absurd doctor.

ella conoce la modestia de estos tiempos
el refresco en mesa de plástico
las transgresiones de jóvenes viejos abogados

quiero fruncirlo todo hasta convertirlo en pollera
la lucirá en carnaval con lentejuelas
bailará en este mundo y usted
seguirá diciendo que está en otro.

she knows the modesty of these times
the cold drink on a plastic table
the transgressions of youth old barristers

she'd like to crumple it all together make it into a shirt
she would wear it during Carnival with polka dots
she will dance in this world and you
will keep on saying she lives in another.

inmortalidades de marioneta

los médicos le habían indicado que se muriera de a poco
un día por semana
                    ensaye el paro de corazón
los ojos revueltos
la mano que no sabe hacia dónde
ensaye por ejemplo la expresión de su vecina
la nueva situación en el archivo policial
el terremoto que se anuncia en Chile
ensaye nuestros gestos y nuestra tribal armonía
al unísono conmemoremos la intención de caer
el juego de haber caído ya
la noticia de cuántos faltan
el apocalipsis

immortalities of the marionette

doctors had advised her to die little by little
one day a week
        she should practice a heart attack
eyes rolled back
hand with no place to go
she might try out for example the expression of the woman
next door
the new place in the police archives
the earthquake reported in Chile
she might try out gestures our tribal harmony
all together now let's celebrate our intention of falling
the game of already having fallen
the news of how many are missing
the apocalypse

internacional

Le aquejaba el sueño de los contrabandistas
pesada constatación de su presente al contado
producto nacional cien por cien
Por las tardes en el espejo desdoblaba pañuelitos
trataba de olvidar cómo era el tango
se desorientaba en las propias calles

Anhelaba una traición nueva
un influjo desde afuera
que la impulsara hacia el aire fresco

Hubieron años de esperanza
sin desfiles de moda
una peste entre las muñecas de cera
un cerrar y abrir de puertas

Una repentina comunicación entre museos.

international

She was afflicted by the dream of smugglers
solid proof in cash of her present
one hundred percent domestic product
afternoons she would unfold handkerchiefs before the mirror
try to forget how the tango went
lose herself in the streets

She longed for a new betrayal
an influx from outside
that might impel her toward the fresh air

There were years of expectation
with no fashion shows
a plague among the wax dolls
an opening and closing of doors

A sudden communication between museums.

carreras

para no ser menos todas estas emociones para no ser menos
en realidad importa otra cosa que
fluir entre cuchilleos de amantes celosos
oír hablar de sí misma en rincones propicios a la alabanza
para no ser menos
        pavo real exhibiendo una pluma podrida
        oveja con pelo lacio
daba vueltas en la cama estilo trompo de señor mayor
encauzado en la locura

races

not to be outdone all these emotions not to be outdone
actually mean something more than
dodging between brawls of jealous lovers
overhearing talk of oneself in corners meant for eulogies
not to be outdone
      peacock showing off a moth-eaten feather
      ewe with slicked down wool
tossing and turning in the bed like a sporty old gentleman
coursing toward madness

ya la extraño

La vieja se pasea y lustra cada silla con cuidados morosos
(sabe preservar sus movimientos no hace ruido se diría que
complota la limpieza).

te espero con flores apenas enteradas de su edad
habrá un piano una cortina un diván

querida maría: hasta luego no te olvides de dejar huellas

CADA VEZ QUE PARTE QUIERO VIAJAR CON ELLA
MI VIDA SOLO EXISTE EN SUS PALABRAS
NO HAY CALOR POSIBLE SIN SU IMPLACABLE
                                    AMISTAD.

i miss her already

The old woman walks about and polishes every chair with
slow caution (she knows how to conserve her motions she
makes no noise you might say
she conspires cleanliness).

I wait for you with flowers the minute we learn your age
there will be a piano a curtain a sofa

dear maria: see you later don't forget to leave tracks

EVERY TIME SHE LEAVES I WANT TO GO WITH HER
MY LIFE EXISTS ONLY IN HER WORDS
THERE IS NO WARMTH POSSIBLE
WITHOUT HER IMPLACABLE FRIENDSHIP.

modernísima

Se le olvidaron las palabras en el café
resurgió hecha una diva
recién salida del baño
hermosa fantasía nocturna
    despojada de suciedades
    esencial nítida girl-scout
no quiso tu mano pero solicitó la atención más desmedida
que me traigan un faisán relleno
que me unten de cremas
que me adornen que me den japonerías
que me rimen me rubenicen que me llamen y me apoden

nombrada hiperbólicamente femenina ejerce su sexo con
voluntad de esgrima
    TE DESPEDAZA Y SE RECONSTITUYE
se entromete y desinvita
Yo la miro roer los costados de mi pan
Analizo su beso molecularmente y antes de tirarlo
advierto ciertas fechas algunas precisiones geográficas

the very latest

The words slipped her mind in the café
she rose up as a diva
just out of the bath
beautiful nocturnal fantasy
    cleansed of all dirtiness
    your basic neat girl-scout
didn't want your hand but asked for the most outrageous
attention
bring me a stuffed pheasant
massage me with creams
adorn me give me japonneries
kohl me blush me call me give me a pet name

dubbed hyperbolically feminine she wields her sex
in the manner of a fencer
    DISMEMBERS YOU AND PUTS HERSELF BACK
                  TOGETHER
butts in and disinvites
I see her gnaw the crusts of my bread
I make a molecular analysis of her kiss before tossing it out
I note certain dates one or two geographical details

rumor

ay hermanitos ardió toda la noche sin esperanza ni rencor
se tocaba la vagina se suavizaba las piernas
se engalanaba los pezones
una noche larga ardió

dicen que boleros
aseguran que tangos
tengo una tarjeta souvenir

naturalmente fue en un barco
naturalmente fue en technicolor

rumor

oh guys she was red hot all night long without hope or rancor
touching her vagina smoothing her legs
decorating her nipples
the whole night red hot

they say what boleros
exclaim what tangos
I have a souvenir post card

naturally it was on a boat
naturally it was in technicolor.

sus identidades

Partida tenía menos sentido que de una pieza
dos veces la sostuvieron para saludar y cuatro
se inclinó para que la cabeza
                        no faltará a la cita
pero en el apuro de ese encuentro consigo misma
olvidó la valijita de cosméticos
la verosimilitud de su simpatía
se le escapaba como un pedo
                    como una pluma en la tormenta

le cantaron boleros de espaldas
le hicieron friegas sin abrir los ojos
le hablaron y se taparon las orejas después
le tendieron serenatas antisépticas
le ofrecieron pijas enfundadas

hacia ella huían los mapas
fue el punto final de la mirada
la incomprensión perfecta del viaje

en sueños buscaba a un hombre
el despeñado conocedor de abismos
acaso también de coartadas.

her identities

Split in two she made less sense than whole
twice they held her up to wave and four times
she bowed so that her head
                would not fail to be on time
but in the hurry of this meeting with herself
she forgot her make-up
the verisimilitude of her charm
escaped her like a fart
        like a feather in a storm

they sang boleros to her behind her back
massaged her without opening her eyes
talked to her and then covered their ears
tendered her antiseptic serenades
offered her sheathed pricks

maps fled toward her
it was the final point of the gaze
the perfect confusion of the voyage

in dreams she looked
for a man who had fallen
an expert in abysses
and alibis.

liturgias circenses

Cuando la domina el sentimiento del absurdo se recoge
se mete en rincones que sólo sirven
para hacer una voluta
un pequeño jardín a gusto de rechupete

Sus temores pueden llegar a resumirse en:
un menú de restaurante francés
elegir el omelette
hasta qué punto llega el punto
Y no crean que no ha andado sola
trata de convencerlos de sus viajes
de sus intentos de boletos y tranvías

Volver al barrio
la tibia enunciación de sus sombras
le quedaba un boleto para tomar el subte
viaje ideal ambas direcciones sin sentido del humor
viaja y viaja tratando de recuperar el primer grito
porque también ella salió del vientre de una madre

ah la madre las madreselvas la selva en la madre
porque quisiera vislumbrar la selva de su madre
apropiarse para qué tanto caminar
para qué tanto cambio y recambio

En este baile somos dos la sombra del recienvenido
recomponiéndose en el teatro vacío

circensian liturgies

When a feeling of the absurd overcomes her she retreats
puts herself into corners good only
to create a volute
a little garden of delicious taste

Her fears can reach far enough to include:
the menu of a French restaurant
choosing the omelet
up to what point does the point reach
And don't think she hasn't wandered alone
she tries to convince them of her travels
of her attempts at tickets and trolleys

Back to the neighborhood
the tepid assertion of its shadows
she has a token left for the subway
ideal ride both ways with no sense of humor
rides and rides trying to retrieve the first cry
because even she came out of the belly of a mother

ah the mother/madre selva/jungle madreselva/honeysuckle
honeymother junglesuckle
because she wanted to glimpse the jungle of her mother
seize it   why so much questing
why so much change and change again

In this dance we are two the shadow of the newcomer
recomposing itself in the empty theatre

salta sin saber que salta habla sin oír que habla
AMISTAD DE LOS MELLIZOS
busca la amistad de los mellizos en el espejito de la cartera
llevar la enemistad de los crueles mellizos amorosos

prendida al cuello gracias gracias por la atención prestada
DEVUELVANMELA
la vida es corta las enfermedades de desencadenan
DIA DE LITURGIAS
La poesía no es una pipa
La poesía es un jardín alucinado
mariposas que se hunden en una herida abierta
sangre reproductora de ríos
él decía que "sentado a la orilla de sí mismo"
ella dice sólo orilla
dice su cuerpo inclinado sobre algo que cae vertiginosamente
juega al equilibrista al domador de leones
a un día de verano en el desierto
¿QUE ES EL PLENO DESIERTO?
por favor que acá se acumulan los visitantes del mediodía
las figuras que dicen la flor y la muerte al final del jardín
(Comeremos en una mesa que excluye al pájaro al buitre al
águila nos ofreceremos el pan y la amistad de nuestros ojos
cerrados prepararemos el amor como una torta masita algo
amarga)

otro pensó "las veloces terribles criaturas del mundo"
lo pensó en una página y mandó un libro una carta
ella leyó casi barco y se entregó al desierto
por favor qué es el pleno desierto

leaps without knowing it leaps speaks without hearing it speaks
    AMITY OF THE TWINS
searches for the amity of the twins in a little mirror from her purse
to bear the enmity of the cruel amorous twins

clinging around her neck thank you thank you for your kind
attention
    GIVE IT BACK TO ME
life is short illnesses are unleashed
    DAY OF LITURGIES
Poetry is not a pipe
Poetry is a hallucinated garden
butterflies foundering in an open wound
blood breeding rivers
he said "seated by the shore of oneself"
she says only shore
says her body bent over something that falls vertiginously
plays tightrope walker lion tamer
a summer day in the desert
    WHAT IS THE MIDDLE OF THE DESERT?
please let the midday visitors congregate there
the figures that flower and death make at the end of the garden
(We will eat at a table that excludes bird vulture
eagle we will offer ourselves bread and the amity of our closed
eyes we will prepare love like a tart a somewhat bitter wafer)

another thought, "the terrible swift creatures of the world"
thought it on a page and sent a book a letter
she read almost ship and surrendered to the desert
please what is the middle of the desert

el enorme monumento masturbador encajonado en su soledad
el desierto los sedientos animales del desierto

Le gustaba el pianista del café-concert
tocaba embebido en su ceguera
se desvestía delante de sus notas
le construyó una casa una almohada
miedos protectores

Cuidaba su cansancio
Amasaba trabajos
Sus cadenas sabias son sin amenazas
Se llama terror bruja esquina

Sólo habla idiomas extranjeros

Nunca te reconoce
        desconfianza poesía cuchillo
                madreselva

the enormous masturbating monument encased in its solitude
the desert the thirsty animals of the desert

She liked the pianist in the cabaret
he played wrapped in his blindness
shed his clothes before his notes
constructed her a house a pillow
protective fears

She nursed her fatigue
Gathered up tasks
Her knowing chains are without menace
She is called terror witch streetcorner

She only speaks foreign languages

Never recognizes you
        distrust poetry knife
                    motherjungle

> Fue como si quisiera alejarme,
> de estar cada vez más lejos del héroe

> J.E. Pacheco (de *En lo que dura el cruce del Atlántico*)

En un bar, en una mesa del bar hizo chistes que lo llevaron
a un territorio desconocido
anteojo ojo mojo el ojo rojo antojo
el mundo se repetía comentaba desrealizaba en su lengua
joda oda moda pagoda angola

en el universo, en una mesa del universo
urdió palabras en contra de las palabras
presión prisión prestar prístino praxis
amor temor temblor

hizo el amor en contra de sus amantes
defendió las formas más procaces de la alegría
intentó la rima consonante
celebró un acuerdo asimétrico con la historia

si me das una manzana te doy una bandana
piden pan no les dan piden queso les dan un beso

en el universo en una mesa del universo
logró perderse mimetizarse romper espejos

Frívola y pecadora

> It was as though I wanted to get away,
> to be always farther away from the hero

> J.E. Pacheco (from *En lo que dura el cruce del Atlántico /*
> For as Long as It Takes to Cross the Atlantic).

In a bar, at a table in the bar he cracked jokes that carried
him to an unknown territory
eyeglass eye cries the reddened eye eyes
the world repeated itself made comments was undone in her

                                                    tongue

goad ode abode pagoda angola

in the universe, at a table of the universe
he set words against words
pressure prison presto pristine praxis
lover terror tremor

he made love against his lovers
defended the most daring forms of gaiety
tried consonantal rhyme
celebrated a skewed accord with history

if you give me an apple I'll give you a chapel
ask for bread not on your head ask for a jug and get a hug

in the universe at a table of the universe
he managed to lose himself mimic himself break mirrors

nunca respondía cuando lo llamaban por su nombre
quiso el olvido la modestia la chispa el notemetás
perversamente contestó "fiesta siesta molestia"
pero la pregunta aún no ha sido formulada

he never answered when they called him by his name
he wanted to forget modesty the sparks the don'tmesswithme
perversely he would answer "fiesta siesta molester"
except that the question had not yet been asked

Translated by Cola Franzen with Max Ubelaker Andrade

compraventa de la marioneta

Iba al mercado vestida de brocatos
alelí   anémona
                     compañía de tías y sobrinos azarosos
dame una sonrisa para el álbum
una palabra para llevar a la cama.

Vestida de dama antigua parece un marinero
cautivo en la lámpara de una bruja.
En el momento del placer: pasión de recogimiento
en posición de útero: rechazo de trampolines.

Ah la vieja sabihonda oculta en los zaguanes
que fija precios inexorables para la novia

Pobre muerta callejera
                siempre ajena
                pelota sin arco
          hirviendo a fuego lento.

purchase and sale agreement for the marionette

She went to the market dressed in brocades
alyssum   anemone
                    company of aunts and daring nephews
give me a smile for my album
a word to carry to bed.

Dressed like a lady of olden times she resembled a sailor
held captive in the lamp of a sorceress.
In the moment of pleasure: passion of curling up
in the uterus position: rejection of trampolines.

Ah the old know-it-all woman hidden in doorways
who fixes inexorable prices for the bride

Poor dead street stroller
                    always outside
                    ball with no goal
            boiling over a slow fire.

ella se lamenta como todo el mundo

¿Qué decir de los rencores inmerecidos?
Como una faja sus reacciones se le concentraban en la cintura
impidiéndole el movimiento hacia delante
la fácil tracción amorosa

Se curó de esos descuidos aunque no para siempre
Por las tardes desazones ardientes se clavaban
en su dócil canto de garganta impostada.

she complains like everybody else

What to say about unearned grudges?
Like a sash her reactions are concentrated around the waist
hindering forward movement
the easy amorous pull

She cured herself of those lapses but not always
During unseasonable hot evenings they stuck
in the docile song of her perfectly pitched throat.

Buenos aires:
    fotografias en blanco y negro

Buenos Aires:
    Photographs in Black and White

justificación

si se fueron a dormir
y no están aquí montando guardia
ni nadie les ha dicho donde me escondo
ni han urdido trampas para verme
es que mi historia no tiene sentido

(le regalé cuentos a una nena de paso
ahora tiene la noche plena de miedos
Odia las escaleras
el perfil en la oscuridad
Escucha con atención y aun así
no advierte el ruido del tren
el canto peligroso de mis máquinas.)

Frívolas y pecadoras

justification

if they went off to bed
and are not here on guard
if nobody has told them where I am hiding
if they haven't thought up tricks to see me
it's because my story makes no sense

(I gave away tales to a little girl in passing
now her nights are full of fears
She detests ladders
the profile in the darkness
She listens with a sharp ear and even so
doesn't notice the noise of the train
the dangerous song of my machines.)

la poesía

¿Dónde están esas voces que antes nos llamaban?
hermanitas: esa fuerza entonada de nuestra excelencia
ahora nos rehuye

yo quise vestirme para el muchacho que chiflaba en la esquina
también ayudarte dar una mano ser generosa

los cuentos que dije creer
la sonrisa que ofrecí
el temor apenas establecido
no verte nunca más

decíme para qué necesitamos el amor
para qué abrazarnos darnos calorcito
tener compañía ir al cine

poetry

Where are those voices that once called to us?
dearest ones: that vaunted vigor of our excellence
now flees from us

I wanted to dress up for the boy whistling on the corner
and help you too lend a hand be generous

the stories I said I believed
the smile I offered
the fear barely settles
never to see you again

tell me why do we need love
why do we embrace give each other a little warmth
have company go to the movies

en buenos aires

te encontraba por la noche
calles semi iluminadas nos conducían a la casa
y vos me hablabas de planes
me contabas las esperanzas de una historia de barrio
tus manos solícitas frente a la puerta
los ojos pendientes de mi ternura
mi uniforme precipitadamente abandonado en una silla
olvido del colegio zapatos medias ropa interior

El río era siempre el mismo
abierto para la caminata
recurrencia marrón del agua
chorizos demasiado picantes

el amor era denso en esas noches
nos despertábamos en la ciudad
había rincones árboles con nuestros nombres
esquinas para encontrarte
libros subrayados
prolijidad de una pasión que me haría olvidarte
puntualmente
            frente al obelisco
todos los domingos antes de la matiné.

in buenos aires

I would meet you at night
half lit streets led us to the house
and you would talk to me of plans
tell me the yearnings of a neighborhood story
your solicitous hands at the door
your eyes dependent on my tenderness
my uniform hurriedly abandoned on a chair
school forgotten shoes stocking underwear

The river was always the same
available for a stroll
brown recurrence of water
sausages too spicy

love was rank during those nights
we would wake up in the city
there were niches trees with our names
corners for us to meet
books with underlined passages
reprise of a passion that would make me forget you
on the dot
            in front of the obelisk
every Sunday just before the matinée.

invitación

háblame de tu casa eras chico y jugabas a los bandidos
háblame de tu mamá del cine la televisión
háblame por favor de cómo te hiciste pis en público
de tus miedos en noches de tormenta

 quiero que me des armas para traicionarte
saber las formas de tu locura
entender las heridas que te harán mi víctima

podría protegerte con la suavidad de un calor ajeno
podría intentar las calles que te devolverán a tu infancia
De frente y de perfil parezco quererte

hablas y sueñas en un día que crees nuestro
me imaginas sin redes sin filo sin peligros

no crees en mis avisos
con un par de tijeras con hilo con agujas
con agua y con sal
tejo las formas de mi franqueza

háblame de tus temores tus lecturas tus piernas
te espero en un rincón
para la noche en que lloraron los violines

invitation

tell me about your house about when you were a kid
and played cops and robbers
    tell me about your mama the movies television
tell me please about how you peed in public
about being afraid of thunderstorms at night

 I want you to hand me the weapons to betray you
to know the forms your madness takes
to understand the wounds that will make you my victim

I could protect you with the softness of a distant warmth
I could try the streets that will return you to your childhood
Full face and profile I seem to love you

you talk and dream on a day you think is ours
you imagine me with no snares no sharp edges no dangers

you don't believe my warnings
with a pair of scissors with needle with thread
with water and salt
I construct the patterns of my frankness

tell me about your fears your reading your legs
In a corner I wait for you
for a night of weeping violins

home

es la calle Bonifacio encadenándola
sucesión de muros floridos caminos negocios
recurrencia de hospitales niños ahogados masitas de hojaldre
                                                    para
comer con cuchillo y tenedor buena educación hoteles de citas
calor huidizo entre sábanas cerca de la estación de tren
De vuelta en el colegio el día preciso en que dejó de tenerle
miedo a la maestra el nacimiento y evolución de las formas
más insolentes del olvido
            caminemos
estas son las calles es el barrio
aquí la casa que te reproduce

hay latidos que deberás devolverle
músicas perdidas en una entonación que reconoces

este es un baile para ciegos
un cuchillo para mentidas valentías
ah el triunfo de los débiles
            de quienes se abren el corazón
                para mostrar un interior vacío
la vaga contracción que entretiene los volúmenes.

home

it's Bonifcacio Street linking it together
succession of flower filled walls paths shops
recurrence of hospitals drowned children little puff pastries to
eat with knife and fork good manners hotels offering rooms by
                                                    the hour
elusive warmth between sheets near the train station
Back in school the exact day she stopped being afraid of the
headmistress the birth and evolution of the most insolent
forms of forgetting
        let's take a walk
these are the streets this is the neighborhood
here the house that produced you

there are beats you will have to give back
lost melodies in an intonation you recognize

this is a dance for the blind
a knife for deceptive feats
ah the triumph of the weak
        whose hearts are opened
        to show the empty inside
the vague contraction that holds the volume together.

amores esquivos

si estuviéramos proponiendo notas
te regalaríamos un cuadernito
no te quepa la menor duda de que recuerdo
la fruición con que exigías estampillados perfectos
A la luz de la luna te los daba a la luz de la luna
pero una vaga noción de dónde y cuándo te hacía
huir
tus rechazos mi amor los mido en compotas
en hieles en manzanas no temblores de tierra
los empaqueto y te los devuelvo tesoro
Pude haberte poseído vuelta y vuelta
Pude haberte rejodido a la luz de la luna

Querido: todo eso fue ternura la ciudad
los umbrales de nuestra felicidad en este mundo
Quisiera verte tomamos un café no sabes cuánto
extraño la plaza los amigos tu manera esquiva de amarme.

skittish loves

if we were suggesting notes
we would give you a little three-ring binder
don't have the slightest doubt but that I remember
the glee with which you demanded perfect seals
By the light of the moon   I give them to you by the light of the
moon
but a vague notion of where and when scared you off
your rejections my love I count in fruit cups
venom   apples not earthquakes
I pack them up and return them to you my treasure
I could have had you coming and going
I could have fucked you up and down and sideways by the
light of the moon

My dear: all that was tenderness   the city
the thresholds of our happiness in this world
I would love to see you   have a cup of coffee   you don't know
how much
I miss the park my friends your skittish way of loving me.

cita

La esquina de la espera reproduce
la calle donde nos evitamos.
No trates de violar el último encuentro
Tu afán de compañías vaticina distancias.

tryst

The corner where we agreed to meet mirrors
the street where we elude one another.
Don't try to violate the last meeting.
Your thirst for companionship foretells distances.

tango

De tu voz recuerdo ciertas palabras
por la tarde en una calle de Buenos Aires
la impostación del tango
una cadencia en la charla y el abrazo

Pero sobre todo mis maniobras para seducirte
la fidelidad con que supe amarme
el modo de ocupar tu lugar
cómo te robé las intenciones
el espejo
    Mi cuerpo en tu deseo.

tango

Of your voice I recall certain words
evenings in a Buenos Aires street
the overlay of a tango   .
a cadence in the speech and the embrace

But above all my maneuvers to seduce you
the constancy with which I knew to love myself
my way of taking your place
how I robbed you of your intentions
the mirror
    My body in your desire.

fiel

los detalles que te alejan de mí
me han traído a una casa una sonrisa
la familiar taza de café en la mesa compartida

te busco y te identifico
en mis ternuras en el buen día
en el calor de las sábanas

los detalles que te alejan de mí
me hacen repetirte que te vayas
tejer la forma de nuestra despedida.

faithful

the details that take you away from me
have brought me to a house a smile
the familiar cup of coffee at a shared table

I search for you and recognize you
in my tender feelings in the beautiful day
in the warmth of the sheets

the details that take you away from me
make me tell you to go
weave together the form of our parting.

amistosa

De las encrucijadas esquinas caminos circundantes
nos quedan los boletos la pasión del traslado
Soñaba con una patria
          LA LUNA
Noches de verano caricias de amistad
(Por las tardes entreveía algo que llamaba destino)

Pero qué hacer con tanto artificio
tanto moño oblicuo que se inclina y
horada
    horada
        horada
            tu voz en este instante en el mundo.

friendly

From the dead-end streets   corners roads beltways
we are left with the ticket stubs   the passion for moving about
I was dreaming of a country
                    THE MOON
Summer nights   friendly caresses
(Evenings I glimpsed something called destiny)

But what to make of such artifice
such an off-center geegaw that leans over and
drills
      drills
            drills
                    your voice in this instant in the world.

demasiada bondad

construyó una casa con sus propias manos
el desierto no existe
        no existe tu voz en este cuarto ni
la imposibilidad del ladrillo ni la borrachera
con sus propias manos la casa
Nos reíamos de su torpeza en la adivinación
boycoteábamos la obra
enhebramos correctísimas opiniones sobre el futuro

Con sus manos construyó la casa
Nos dio su cama
        Buenos días
        Leche fresca.

overly generous

he built a house with his own hands
the desert doesn't exist
        your voice doesn't exist in this room nor
the impossibility of brick or drunkenness
with his own hands the house
We laughed at his ineptitude at divination
we boycotted the work
strung together infallible opinions about the future

With his hands he built the house
Gave us his bed
       Good morning
       Fresh milk.

amores sucesivos

Pudieron repetirse que allí no había pasado nada.
Estrecharon otras manos.
Vivieron en un espléndido anonimato amoroso.

successive loves

They could have told each other nothing at all happened here.
Other hands reached out.
They lived in splendorous amorous anonymity.

cinematográfica

como dos hermanos
como dos moñitos contrastantes
como dos mejillas

linda honesta complementaria
mi esperanza te busca

por avión fantasías eróticas arremolinadas
quemados ya todos los periódicos
nuestro amor proliferará en los cines de este mundo.

cinematography

like two brothers
like two contrasting doodads
like two cheeks

pretty honest complementary
my hope searches for you

by plane   whirlwind of erotic fantasies
burned now all the newspapers
our love will proliferate in the movie houses of this world

¿Será una despedida?

Farewell?

la pondremos en naftalina

¿querés que te diga una cosa?
para contar sus alegrías me basta con un dedo

pero para abarcar cuánto sufre necesitaría:

un camión lleno de escarbadientes
una noche entera de insomnio con ovejitas
alucinadas por mis pesadillas
una nena con la cabeza llena de rulos
y cuarenta telarañas

por eso la evitamos tesoro
la evitamos
        y no le decimos
vení a la fiesta
largáte a bailar

mejor hablarle claro:
con la música a otra parte
pelotuda de antes

resabio de mis más graves equivocaciones.

we'll put her in moth balls

you know what?
I can count her joys with one finger

but to take in her sufferings I'd need:

a truckful of toothpicks
an entire sleepless night with
little sheep hallucinated by my nightmares
a curly-haired girl
and forty cobwebs

that's why we avoid her my treasure
we avoid her
        and don't tell her
come to the party
dare dance

better to let her have it once and for all:
take the show elsewhere
fool of yesteryear

remnant of my gravest mistakes.

List of Illustrations

by Julio Silva

Frontispiece

Swan Isle Press is a nonprofit publisher
of poetry, fiction, and nonfiction.

For information on books of related
interest or for a catalog of new
publications contact:

www.swanislepress.com

Frivolous Women and Other Sinners /
Frívolas y pecadoras

Designed by Esmeralda Morales
Typeset in Padua
Printed on 55# Glatfelter Natural